AF002324

Inhalt

Mittleres Management - von allen Seiten unter Druck

Kernthesen

Beitrag

Fallbeispiele

Weiterführende Literatur

Impressum

GENIOS WirtschaftsWissen Nr. 02 vom 18.02.2013

Mittleres Management - von allen Seiten unter Druck

Robert Reuter

Kernthesen

- Die Führungsebene unterhalb des Top-Managements gilt häufig nur als die zweite Riege.
- Unterschätzt werden dabei die Leistungen der Mittelmanager. Ohne ihr Zutun würden die von der Leitung formulierten operativen und strategischen Ziele im Nichts verpuffen.
- Mittelmanager stehen sowohl von oben als auch von unten unter Druck und werden zwischen den Interessen der Leitung und der Abteilungen nicht selten zerrieben.

Beitrag

Zerrieben zwischen oben und unten

Die Führungsebene unter dem Top-Management oder der Geschäftsführung - bezeichnet als Mittelmanagement - führt in der Führungsforschung wie in den Unternehmen selbst ein eher stiefmütterliches Dasein. Dabei haben Abteilungs-, Bereichs- oder Gruppenleiter häufig einen besonders schwierigen Job. Sie sind dafür zuständig, die vom Top-Management formulierte Unternehmensstrategie umzusetzen, müssen die Direktiven der Unternehmensspitze durchsetzen und sind der Leitung verantwortlich dafür, wie die Ergebnisse ausfallen. Damit stehen Mittelmanager gleich von zwei Seiten unter Druck. Zum einen müssen sie den Anforderungen der Geschäftsleitung gerecht werden. Zum anderen ist es ihre Aufgabe, die Abteilung nicht zu überlasten. Als erschwerend wird von Mittelmanagern dabei der Umstand empfunden, für vieles zuständig zu sein, jedoch selten eigenständig entscheiden zu dürfen. Zusätzlich geschwächt werden Mittelmanager, wenn ihnen Informationen vorenthalten werden, die ihren Anordnungen an die unteren Ebenen Autorität verleihen könnten.

Der Mittelbau hat somit eine Pufferposition inne, in der die Führungskräfte von oben wie von unten gleichermaßen Druck aushalten müssen. Viel Ehre gibt es trotz des großen Arbeitsaufwands und der schwierigen Aufgabe aber nicht zu gewinnen. Große Wirtschaftsberatungskanzleien sehen den Führungskräftemittelbau als eine chronisch vernachlässigte Ressource, die noch dazu im Tagesgeschäft mehr oder weniger schnell verschlissen wird. Mehr als zwei Drittel der von der Boston Consulting Group befragten mittleren Manager beklagen den immer größeren Arbeitsaufwand zur Bewältigung von Bürokratie und Regelungen. Nicht einmal die Hälfte der Arbeitszeit könne für eigentliche Führungsaufgaben verwendet werden. (1), (4)

Unsichere Karriereaussichten

Führungskräfte aus dem mittleren Management fühlen sich mit ihren Aufgaben häufig allein gelassen. Zudem beklagt der Mittelbau, hinsichtlich zukünftiger Aufstiegs- und Karrierechancen meist völlig im Unklaren gelassen zu werden. Unzufrieden sind die Abteilungsleiter auch mit der Beurteilung ihrer Leistungen. Da eine strukturierte Leistungsmessung nicht stattfinde, würden

Bewertungen durch Vorgesetzte häufig aus dem Bauch heraus vorgenommen.

Das Gefühl, alleine gelassen zu werden ist auch die Folge ungenügender Fortbildungsangebote. Das mittlere Management schickt die Mitarbeiter reihenweise zu Weiterbildungsmaßnahmen, kommt selbst aber nur selten in den Genuss einer Schulung. Im Ergebnis hat der Führungsmittelbau häufig Probleme mit den an ihn gestellten Aufgaben - und verfällt in Selbstzweifel. Führungskräfte-Coaches beobachten, dass die mittlere Klientel bei auftretenden Schwierigkeiten viel zu oft Schuld bei sich selbst sucht, statt selbstbewusst darauf zu drängen, die notwendigen handwerklichen Kenntnisse für ihre Position durch gezielte Trainingsmaßnahmen erlernen zu können. (1), (4)

Die Vorstände zeigen die kalte Schulter

Prinzipiell wünschen sich die mittleren Führungskräfte mehr Austausch mit der Führungsriege. Da sie selbst mit ihren Abteilungen meist viel näher am operativen Geschäft sind, wünschen sie sich eine stärkere Einbindung in Vorstandsentscheidungen. Hierzu kommt es jedoch kaum, was nach Aussagen von Coaches auch daran liegt, dass das Top-Management häufig mit einer gewissen Verachtung auf die rangniedrigeren Manager herabblickt. Zudem soll es nach Ansicht der Experten so sein, dass die Leitung die Konkurrenz zwischen Abteilungen nicht selten bewusst fördert, um noch mehr Leistung herauszukitzeln. Das Ergebnis ist fehlende Solidarität unter den mittleren Führungskräften. Zur Durchsetzung ihrer Interessen tun sie sich gegenüber dem Vorstand nicht zusammen, sondern versuchen eifersüchtig ausschließlich ihr eigenes Terrain nach vorne zu bringen. Dass sie damit in Abhängigkeit von den Gunstbezeugungen der Leitung geraten, ist vielen Mittelmanagern gar nicht bewusst. (1), (4)

Trends

Mehr Erfolg durch Einbindung des Mittelmanagements

Trotz des bisher noch unbefriedigenden Ist-Zustandes erfreut sich der Mittelbau derzeit zumindest in der Fachliteratur einer wachsenden Aufmerksamkeit. Deutlicher als früher wird heute gesehen, dass die vom Top-Management formulierten strategischen und operativen Ziele für die

Abteilungen übersetzt werden müssen - wofür der Abteilungsleiter zuständig ist. Seine Aufgabe ist es, Strategien in konkrete Businesspläne zu transformieren, Ziele zu kommunizieren und Kundenbeziehungen zu pflegen. Um dieser Verantwortung gerecht zu werden, bedarf es eines neuen Verständnisses von der Rolle des Mittelmanagers.

Dabei kristallisiert sich insbesondere das Desiderat an die Top-Führungskräfte heraus, die Mittelmanager stärker in Entscheidungen einzubinden. Einer aktuellen Umfrage zufolge werden Mittelmanager derzeit in nur 53 Prozent der Unternehmen aktiv an der Formulierung und Entwicklung von Strategien beteiligt. Für den Unternehmenserfolg ist die geringe Beteiligung jedoch ein Hindernis, wie Untersuchungen gezeigt haben. Demnach gibt es einen signifikanten Zusammenhang zwischen dem Unternehmenserfolg und dem Einfluss des Mittelmanagements - in erfolgreichen Unternehmen ist der Einfluss der Mittelmanager auf die Unternehmensstrategie höher. [2]

Fallbeispiele

Viele Führungskräfte führen nicht

Zur Beschreibung der Situation im mittleren Management gehört auch ein kritischer Blick auf die Leistungen dieser Führungskräfte. Laut einer Umfrage der Personalberatung Penning Consulting versäumen es viele Mittelmanager, ihren Führungsaufgaben gerecht zu werden. Gerade im Mittelbau sei die Zahl der Leiter, die sich mit allem möglichen beschäftigen, nur nicht mit der Abteilungsführung, besonders groß. Der Studie zufolge werden sogar nur 20 Prozent der Arbeitszeit mit der Erledigung von Führungsaufgaben zugebracht. Während etliche Autoren dieses Missverhältnis auf die überbordende Bürokratie schieben, die die Mittelmanager bewältigen müssen, zieht die Studie den anderen Schluss, dass sich Mittelmanager vor ihrer Verantwortung drücken und so den unangenehmen Seiten der Mitarbeiterführung aus dem Wege gehen. Besieht man sich den hohen Anteil solcher Mittelmanager, die ihr Ausgeschlossensein von strategischen Entscheidungen beklagen, scheint es jedoch eher so zu sein, dass sie durchaus führen wollen - es aber nicht dürfen. [3]

Fehlender Veränderungswille?

Gar nicht ins Bild des dynamischen Abteilungs- oder Bereichsleiters will auch das Ergebnis einer Studie zur

Veränderungsbereitschaft des Mittelbaus passen. Die Autoren präsentieren Ergebnisse, denen zufolge die Bereitschaft zum Wandel mit der Hierarchiestufe im Unternehmen abnimmt. Das Top-Management in deutschen Großunternehmen legt demnach eine hohe Veränderungsbereitschaft an den Tag, während in der zweiten und dritten Führungsebene das Festhalten am Gewohnten die Regel ist. (5)

Komplimente für deutsche Manager

Bei aller Kritik an Unternehmen, Führungskräften und Managern darf nicht übersehen werden, dass die deutsche Wirtschaft ein Erfolgmodell sondergleichen darstellt. Die Unternehmen haben die Wirtschafts- und Finanzkrise bestens weggesteckt, Leitbranchen wie der Maschinenbau schwelgen in Rekorden, und die Arbeitslosenquote ist insbesondere im Vergleich mit den europäischen Nachbarn überaus niedrig. Das renommierte Fachmagazin Harvard Business Manager hat sich schon im vergangenen Sommer der Frage angenommen, woran dies eigentlich liegt. Das Ergebnis war eine breit angelegte Untersuchung, die deutschen Top- wie Mittel-Managern ein hervorragendes Zeugnis ausstellt. Deutsche Manager sind demnach gekennzeichnet durch rationales Denken, Sorgfalt und Zielgerichtetheit.

Nachholbedarf besteht höchstens beim Talent zur Einfühlung und zum diplomatischen Auftreten - was dem Erfolg aber nicht schadet. (6)

Weiterführende Literatur

(1) Gegen die Wand
aus Manager Magazin, 14.12.2012, Nr. 1, Seite 116

(2) Mehr Macht den Mittelmanagern
aus - Personalwirtschaft, Heft 09/2012, S. 42-45

(3) Umfrage der Penning Consulting Viele Führungskräfte führen nicht
aus www.maschinenmarkt.de vom 18.09.2012

(4) Hohe Arbeitsbelastung
aus CIO - IT-Strategie für Manager, Meldung vom 23.01.2013

(5) Mittleres Management will keine Veränderung
aus Lebensmittel Zeitung 43 vom 26.10.2012 Seite 079

(6) Stolz und Vorurteil
aus Lebensmittel Zeitung 43 vom 26.10.2012 Seite 079

Impressum

Mittleres Management - von allen Seiten unter Druck

Bibliografische Information der deutschen Nationalbibliothek

Die Deutsche Nationalbibliothek verzeichnet diese Publikation in der deutschen Nationalbibliografie; detaillierte bibliografische Daten sind im Internet über http://dnb.d-nb.de abrufbar.

ISBN: 978-3-7379-0266-3

© 2015 GBI-Genios Deutsche Wirtschaftsdatenbank GmbH, Freischützstraße 96, 81927 München, www.genios.de

Alle Rechte vorbehalten. Dieses Werk ist einschließlich aller seiner Teile – z.B. Texte, Tabellen und Grafiken - urheberrechtlich geschützt. Jede Verwertung außerhalb der Grenzen des Urheberrechtsgesetzes bedarf der vorherigen Zustimmung des Verlags. Dies gilt insbesondere auch für auszugsweise Nachdrucke, fotomechanische Vervielfältigungen (Fotokopie/Mikroskopie), Übersetzungen, Auswertungen durch Datenbanken oder ähnliche Einrichtungen und die Einspeicherung und Verarbeitung in elektronischen Systemen.